Deponio

Band 1 Kinderbuch

Spass mit Deponio in der Schule, er hilft den Kindern gegen einen Verrückten Lehrer. Er bestraft auch ein Ehepaar das Hausmüll im Wald entsorgt.

Einleitung:

Die Entstehung von Deponio und die ersten gemeinsamen Abenteuer Im Umweltschutz mit der Kinder Gruppe von Barbara die für den Umweltschutz aktiv ist. Mit Barbara und ihren Freunden und den beiden sie oft begleitenden Hunden Cocker Wastel und Schäferhündin Mona.

1

In einem Müllberg, in der Nähe der großen Stadt Koblenz am Rhein tut sich seit Wochen Sonderbares.

2

Die unendlich vielen Vögel, die diesen fast 100 Meter hohen künstlichen Berg schon lange als tolles Futterareal entdeckt haben, benehmen sich seit Wochen sehr seltsam. Früher herrschte bei ihnen nur große Unruhe, wenn ein Müllauto oder die alte, stinkende und laut ratternde Planierraupe den Müll vor sich herschiebend diesen die Böschung hinunterkippt. Aber wie gesagt seit einigen Wochen hat sich das Verhalten verändert. Ohne jeden, jedenfalls für Außenstehende ersichtlichen Grund, fliegen die Vögel plötzlich 5-6-mal am Tage ganz verschreckt auf. Kreisen schreiend und flatternd, ganz aufgeregt um die Halde. Dabei fällt einem guten Beobachter auf, dass die Vögel die linke Seite der Halde völlig meiden. Auch bei all Ihrer Aufgeregtheit vermeiden sie es diese Seite der Deponie zu überfliegen. Aber da es um diese Halde sowieso ruhig geworden ist und nur noch wenige Autos ihren Müll dort abkippen, fällt dies sonst niemanden auf. Außer den Vögeln vernimmt auch niemand die seltsamen Geräusche die aus der Tiefe der Halde kommen wahr. Wenn mal einer der Männer dort ist, dann verhinderte der Lärm der Raupe oder des Lkws, dass die Männer von den Geschehnissen dort unten etwas mit bekommen.

3

Manchmal ist nur ein fauchen und ein Zischen zu hören. Dann wieder menschliche Schreie und Rufe, Lachen und Singen. Niemand außer den Vögeln bemerkt diese Vorgänge dort unten tief in der Halde. Dort unten, spielt sich etwas Seltsames und unnatürliches, außergewöhnliches ab. Über Jahre hinweg haben sich in einem Bereich der Halde Gase, viele verschiedene Gase gebildet, die sich über viele Jahre miteinander verbunden und auch verändert haben. Es hat sich eine intelligente Gaswolke gebildet. Diese Wolke hat es geschafft, sich durch ein Entlüftungsrohr einen ständigen Weg nach außen zu schaffen, sie ist nicht mehr eingesperrt. Immer dann, wenn Sie mit einem übermütigem pfeifendem zischen aus dem Rohr fährt, flattern die Vögel zu Tode erschreckt davon.

Dieses heillose wilde Durcheinander machte der Wolke erst richtig Spaß. Sie fegte zwischen den Vögeln hindurch, dass die Federn nur so flattern, aber ohne die Vögel ernstlich zu gefährden. Heute ist die Wolke, die sich selbst den Namen Deponio gegeben hat. Mit besonderem Übermut am Werke. Deponio ist glücklich, sehr glücklich, er hatte es in kürzester Zeit verstanden die menschliche Sprache zu erlernen. Es hatte ihm viel Mühe und Ausdauer gekostet, aber nun ist er fit. Nun kann er endlich Kontakt aufnehmen, kann sich endlich einem Mädchen offenbaren, einem Mädchen, das er schon öfters besucht hat, ihr zuschaute wenn Sie mit Ihren Hunden herumtobt oder sich mit ihren Schularbeiten herumärgerte. In diese stinkende Halde will er jetzt nicht mehr zurück, er will in die Welt der Menschen in die Welt von Barbara. Mit viel Spektakel verabschiedete er sich von all den Ratten und Mäusen, Vögeln und anderen Tieren auf der Deponie mit denen er über so viele Jahre zusammen leben musste. Aber all diese Tiere waren nie schlau geworden, aus all dem Lärm und Getöse der immer durchdringender aus Ihrer Deponi gekommen ist.

5

Es gibt für sie nichts zu sehen, für sie würde das
Leben nun wieder ruhiger werden ohne die
Abluftgeräusche von Deponio wenn er die
Deponie verlässt. Der Stress ist nun vorbei für
alle Bewohner der Depóni. Der ganze Berg
gehörte wieder Ihnen alleine. Mit einer letzten
Platzrunde   fliegt   Deponio   auf
Nimmerwiedersehen davon. Dies bedeutete
nicht, dass er mit Müll nichts mehr zu tun haben
will. Nein im Gegenteil, von nun an will er nur
noch für den Schutz der Umwelt da sein. Barbara
und die Kinder. Barbaras Freunde und
Freundinnen will er für seinen Kampf zu seinen
Verbündeten machen. Obwohl Deponio schon
einige Male versucht hat, Kontakt mit Barbara
aufzunehmen, hat sie von all dem noch nichts
bemerkt. Nur einige Male hat sie sich
fürchterlich erschrocken wenn er in ihre Nähe
gekommen ist. Deshalb hat es sich Deponio jetzt
auch vorgenommen, Barbara erst wieder
anzusprechen, wenn er ihre Sprache völlig
beherrscht. Er hat gelernt und gepaukt in seinem
Müllberg, dass ihm seine Gashülle fast geplatzt
ist.

Aber nun ist er perfekt und befindet sich auf dem Anflug auf Barbaras Zuhause. Sie wohnt keine drei Kilometer Luftlinie von der Halde entfernt. Barbara kann diese Halde wegen des davor liegenden hohen Mischwaldes nicht sehen. Ist aber trotzdem des Öfteren auf die hoch aufsteigenden ängstlichen Vögel aufmerksam geworden. Auch heute hat sie die wild durcheinander flatternden Vögel bemerkt. Es scheint ihr als würden die Vögel miteinander kämpfen, es ist ein komischer Anblick. Sie ahnte in keiner Weise wie sehr sich ihr Leben mit dem heutigen Tag verändern wird. Barbara spielt mit Mona der rabenschwarzen Schäferhündin und mit dem roten Cockerspaniel Wastel im Garten. „Mona, komm her du schwarze Teufelin, los hol mir den Stock``. Weit wirft Barbara, die von ihren Freundinnen Babsi genannt wird, den großen Ast auf die Wiese. Mona rennt los. Wastel der Cocker startet immer als erster. Wenn er einmal früher dort ist als Mona, nur weil er die Flugrichtung bereits erahnt hat, dann lässt er den Stock respektvoll für die Schäferhündin liegen.

Mona ist eine liebe aber auch eigenwillige Hundedame. Sie würde Wastel in ihrem Ärger sofort im Nacken packen und diesen ohne ihm ernsthaft wehzutun durchschütteln. Darauf legt Wastel heute keinen Wert, deshalb lässt er den Stock lieber unberührt dort liegen, obwohl er als erster den Stock gefunden hat. Es ist ein schöner Nachmittag, die Sonne steht fast senkrecht über dem Garten. Der frisch gemähte Rasen gibt seinen herrlichen Duft ab. Auf der etwas erhöhten Terrasse steht eine Birken Naturholzgarnitur, dort liegen Babsis Schulbücher schon seit mehr als einer Stunde völlig unbeachtet und unberührt. Dort sitzt in der Ecke der Bank auf einem angenehmen weichen Kissen etwas, dass seit Tagen von Deponios Gedanken Besitz ergriffen hat. Eine wunderschöne handgemachte Stoff Krake gemixt mit einer flauschigen Wolle. Mit Ihren langen Armen oder Beinen, was es auch sein mag. Diese Krake hat, wenn man ihre Arme lang zieht einen beachtlichen Durchmesser von gut einem Meter.

8

Das Gesicht der Krake hat zwei wunderschöne Augen und einen schönen frechen aber sehr freundlichen lachenden Mund. Deponio hat sich sofort in diese kuschelige und hübsche Krake verliebt. Für diese Krake und Babsi hat sich Deponio die viele Mühe gegeben. Wie oft ist er in diesem Garten gewesen und hat Barbara beim Spielen zugeschaut. Nun ist es soweit, Deponio, endlich mächtig der schwierigen deutschen Sprache, schwebte erwartungsvoll über dem Garten. Er sucht nach der Krake und entdeckte diese auf der Bank. Es ist ein großes Glück für ihn, dass Babsi so beschäftigt mit ihren Hunden ist, anstatt ihre Hausaufgaben zu machen. So brauchte er sich bei seinen Bemühungen in die Krake zu schlüpfen nicht vorsehen. Die Krake ist so dicht und fest vernäht, dass Deponio echte Mühe hat eine Öffnung zum Hineinschlüpfen zu finden. Es gelingt ihm unter dem Arm, dort ist die Naht schon etwas strapaziert. Dann hat er es endlich geschafft. Er dehnte sich in der ganzen Puppe aus, füllte jede Ecke mit seinem Gas aus.

Ganz vorsichtig bewegte er erst die Spitzen der Arme. bald kann er alle der Reihe nach bewegen. Er wird immer mutiger. Deponio stellt sich auf und es gelingt ihm auf allen Armen/Beinen zu laufen. Er wird immer beweglicher. Bald bewegte er sich so als wäre die Krake wirklich lebendig. Das ist sie nun ja auch denkt Deponio. Er hat ihr sein Leben, seine Kraft übertragen. Deponio wird immer übermütiger. Er steigt auf den Tisch und springt hoch und lässt sich wieder fallen. Er hat viel Kraft in den Armen, er winkelt die Arme an, bekommt Auftrieb durch die warme Luft. Bringt den Körper mit den nun eng angewinkelten Armen in eine hohe Umdrehung und schießt davon wie eine Frisbeescheibe. Schnell kann er sich selbst steuern, seine Arme dienen ihm als Antrieb. Auch als Lenkung oder besser gesagt Höhen- und Seitenruder. Er steigt ziemlich steil nach oben, er jauchzt vor Vergnügen. Das Fluggefühl in einem Körper ist ganz anders als er es in seiner Gestalt als Wolke gespürt hat. Der herrlich kühle Gegenstrom den er nun spürt machte ihm riesigen Spaß. Babsi die einige Male nach oben geschaut hat, glaubt das dort oben ein verrückter Drachen seine Späße treibt.

Sie hat sie schon gesehen, die Drachen die an mehreren Schnüren hängen und sich von unten lenken lassen. Doch als der Drachen urplötzlich mit einem lauten Pfeifton nach unten stößt, direkt auf Babsi zu, da bekommt sie doch einen Schrecken. Der Drachen hat seine Form verändert, nun ist er keine Scheibe mehr sondern sieht aus wie eine Krake deren Arme im Flug nach hinten gestellt sind. Den Kopf vorgestreckt wie ein Lanzenkopf ganz nach vorne gestreckt. Die sechs Arme ganz nach hinten gestreckt. Sie alle zusammen gelegt sehen aus wie ein einziger Arm. Der Drache ein Drache in Krakenform, stürzt mit hoher Geschwindigkeit auf sie herunter. Sie will gerade davon stürmen, als die Krake klar zu erkennen ist das es eine ihre, Barbars Stoff Krake ist. Mit einem lauten Zischen fliegt sie wieder nach oben und zieht einen Bogen. Schlägt mit etwas verlangsamter Geschwindigkeit über die Beiden verdutzt schauenden Hunde hinweg. Nun kann es Babsi genau erkennen, diese Krake sieht genauso aus wie ihre Stoffkrake.

11

Sie drehte den Kopf und schaute zur Bank
hinüber. Ihre Krake ist nicht mehr dort. Aber
konnte es sein, dass Ihre Krake so einfach davon
fliegen kann. Hat ihr Bruder Patrick Ihr wieder
einen Streich gespielt, hat er der Krake einen
Motor eingebaut. Zuzutrauen ist es diesem Kerl.
Aber seltsam ist, dass keine Motorengeräusche
zu hören sind, kein Laut zu hören ist. Nur das
Wirbeln der Luft nur ein zischen wenn die Krake
Tempo aufnimmt ist zu hören. Deponio steht
bereits wider hoch oben in der Luft mit weit
aufgespannten Armen lässt er sich treiben und
genießt es von der Luft dahingetragen zu
werden. Babsi ist zur Bank gelaufen, Ihre Stoff
Krake sitzt tatsächlich nicht mehr auf ihrem
Platz. Deponio sieht die erschrockene Barbara
die dort steht und nicht begreifen kann, was da
vor sich geht. Er kommt herunter von seiner
Wolke sieben in der er schwebt. Landet gekonnt,
ganz vorsichtig auf der Bank, auf dem großen
weißen Kissen. Mit seinen vielen Armen kann er
leicht den Schwung abbremsen. Babsi steht dort
zu einer Säule erstarrt.

Sie kann nicht glauben, was sie eben gesehen hat, oder hat sie alles geträumt. Sie reibt sich verdutzt die Augen, ihre Krake dabei nicht aus den Augen lassend. Da hat sie sich schon wieder bewegt. „ Babsi bitte erschrecke nicht, ich bin es Deponio´´. Barbaras Augen werden noch größer und runder. „ Ich bin schon lange um Dich herum, ich bin eigentlich unsichtbar, deshalb bin ich in deine Puppe geschlüpft um mich sichtbar zu machen. Deponio bemerkte, dass Babsi noch nicht die Zusammenhänge begreifen kann. Es wäre auch viel verlangt von einem Menschen, ob jung oder alt. „ Habe keine Angst Barbara, ich bin zwar ein Geist aber ein guter Geist, ich will dein Freund sein``. Barbara greift nach der Krake, nimmt sie zärtlich in die Arme, sie spürt das diese fester ist als zuvor``. „ Ich habe vom ersten Tag erkannt das diese Krake etwas Besonderes ist, ich liebe dich du verrückte Krake``. Zärtlich drückte Babsi die Krake an sich und streichelte Ihr vorsichtig über den Kopf.

13

„ Nun kannst du auch noch sprechen, laufen und
fliegen, womit habe ich solch eine Krake
verdient``. „ Barbara, es darf erst einmal außer
dir und mir niemand von unserem Geheimnis
erfahren, kannst du es hüten?``. „ Was denkst du
von mir, unser Geheimnis ist so sicher bei mir,
so sicher wie das Gold in Fort Knox``. Die
Beiden Hunde haben auch bemerkt, dass hier
etwas nicht stimmt. Sie sitzen dort und schauen
aus sicherer Entfernung zu. Mona macht
manchmal Anstalten und will sich auf die Krake
stürzen. Wastel gibt dagegen unentwegt
angsteinflössende dumpfe Knurrgeräusche von
sich. Beruhigt Euch, Wastel, Mona, seid ruhig,
wir haben einen neuen Freund und was für einen.

Deponio

Kinderbuch Band 1

Hausmüll-Entsorgung/ mit der gerechten Bestrafung

Einer Bestrafung mit einem unangenehmen Geschmack für die bestraften. Mit dem ersten Abenteuer in der Schule fängt der Tag an. Es gibt Ärger mit dem Lehrer, dem die Kinder den Spitznahmen Tod auf Socken gegeben haben. Weil er so lang und dürr ist. Babsi, die beiden Hunde und Deponio, sind eine fest verschworene Gemeinschaft geworden. Deponio hat sich seiner neuen Rolle toll angepasst. Für Babsi und die Hunde ist er in wenigen Tagen zum besten und engsten Freund geworden. Wie schon so oft in den letzten Tagen begleitet Deponio Babsi bis zur Schule. Wie jeden Morgen hockt sich Deponio auch Heute in die hinterste Ecke der letzten Fensterbank und beobachtet die Kinder in der Klasse. Die Kinder der Schulklasse 3a, die Klasse zu der auch Babsi gehört. Babsi und ihre Schulfreunde haben Deponio bisher nicht bemerken können. Meistens, fast immer verschwindet Deponio wenn die Unterrichtsstunde beginnt. Wenn die Lehrerin eine gemütliche ältere Frau, genauso gemütlich und behäbig wie sie sich bewegte, den Unterricht mit einem kleinen Liedchen einleitete. Dann ist es Zeit für ihn Deponio zu verduften.

13

Heute wird es aber ganz anders, dafür sorgt der
gerade eintretende Lehrer. Einer, den Deponio noch
nicht   kennt.   Ein   hochaufgeschossener,
spindeldürrer Kerl. Mit einer langen dürren Nase
mitten im Gesicht erscheint heute Morgen.
Deponio bemerkt sofort den Ruck, der durch alle
Kinder geht. Der Lehrer knallt mit einem Schwung
den man den dürren Ärmchen nicht zugetraut hat
einen Stapel Hefte auf sein Lehrerpult. „ Guten
Morgen Kinder!``, ruft er dabei laut in die Klasse. „
Guten Morgen Herr Lehrer``. „ kommt es wie aus
einem Guss aus dem Mund der Kinder zurück::.
Auf den Gesichtern der Kinder liegt keine
Freundlichkeit, die guten Morgengrüße zurück
waren sicher von keinem Kind wirklich so gemeint.
Deponio kann nicht erkennen, dass eines der
Kinder es so meint wie sie dem Spindeldürren den
Gruß erwidern. „ Ah, ich verstehe Kinder, ihr habt
den Ernst der Lage erkannt, jawohl wir beginnen
diesen wunderbaren Tag, mit einer Mathearbeit``. „
Buh h h h, rufen die Kinder aus einem Mund ``. „
Oh mein Gott`` ruft Babsi ganz entsetzt.

„ Da, hilft dir auch der liebe Gott Barbara nicht mehr Barbara, wenn du nicht gelernt und geübt hast. Das musst du dann schon selber erledigen``. Babsi schaut um Hilfe flehend nach oben``. Sie hat nicht gelernt und nicht geübt. „ Schneider, Schneider``, ruft der Lehrer, „komm und teile endlich die Hefte aus. Ich schreibe Euch die Aufgaben an die Tafel. Schneider eilte zum Pult um die Hefte in seinen Besitz zu nehmen. Deponio, der die leidenden Gesichter der Kinder sieht aber nicht mag, ist bereits aus der Krake herausgeschlüpft und ist durch das Oberlicht ins Klassenzimmer geschlüpft. Deponio ist auf Barbaras Schulter geflogen. Ganz leise flüsterte er in Ihr ins Ohr. Was ist los Babsi, was will der lange Dürre von Euch. Barbara zuckte leicht zusammen, versteht die Situation aber sofort. „ Du Deponio, was willst du hier``. „ Will der Dürre euch ärgern``. „ Ja und wie, dass ist vielleicht ein gemeiner Kerl, uns hat er gesagt, dass wir diese Arbeit erst in der nächsten Woche schreiben, jetzt kommt er Heute damit an, noch keiner von uns hat die neuen Aufgaben geübt``.

„ Ein richtiger Mistkerl!``` , sagt Deponio``. „ Das kannst du wohl sagen, bei uns heißt er Tod auf Socken``. Deponio muss lachen, der Name passt ausgezeichnet zu der Dürrnase. Tod auf Socken drehte sich von der Tafel um in die Klasse. „ Schneider, was ist dir in die Glieder gefahren, warum teilst du die Hefte nicht aus. Hast wohl auch zu Hause nicht geübt. Da habe ich euch Faulpelze aber voll erwischt. Mach schon Schneider, teil die Hefte aus``. Tod auf Socken drehte sich wieder mit einem teuflischen schadenfrohen Grinsen zur Tafel hin und schreibt die Aufgaben an die Tafel. Erst durch den Aufschrei von Schneider wird er gestört, er drehte sich um und kann gerade noch erkennen wie der Stapel Hefte von Zauberhand getragen, mit lautem Pfeifen durch das Oberlicht verschwindet. Wie vom Donner getroffen, schaut Tod auf Socken und die Kinder dem Stapel Hefte hinterher. Diese flatterten dahin und verteilten sich über dem Schulhof in alle Richtungen. Wie kleine Vögel flattern die Hefte vom Wind getragen am Fenster vorbei und verteilen sich weit über den Schulhof.

Ihre Deckel schlagen auf und zu wie die Flügel eines Vogels. „ Ha, wenn ihr glaubt, dass ihr deshalb um die Arbeit kommt, dann habt ihr euch geirrt. Ihr schreibt die Arbeit einfach auf einen Zettel Die Aufgaben stehen alle an der Tafel". Aber die Kinder lachen, sie wissen es besser. Während Tod auf Socken redete, wischt der Lappen in seinem Rücken ganz von alleine die Aufgaben von der Tafel. Auch der Zettel mit den Aufgaben, den Tod auf Socken gerade noch in seiner Hand hatte, verschwindet spurlos. Das Lachen der Kinder zeigte dem Lehrer, dass etwas nicht in Ordnung ist. Ihn trifft fast der Schlag als er sich umschaut. Die Tafel ist völlig leer gewischt. Wie konnte das geschehen, er macht ein dummes, ganz langes Gesicht und ganz dummes entsetztes Gesicht. Seine Wut und sein Ärger löst sich in einem langen spitzen dürren Aufschrei der Verzweifelung auf. „ Raus, raus, alle raus macht dass ihr rauskommt und kommt mir nicht ohne die Hefte wieder zurück. Die Kinder stürmen lachend nach draußen, mit einem Indianergeheul der Befreiung. Das ruft den Rektor der Schule auf den Plan.

„ Halt, was ist denn hier los, wer hat euch frei
gegeben``. Eines der Mädchen bleibt stehen. „
Unser Lehrer hat unsere Arbeitshefte aus dem
Fenster geworfen, wir müssen sie wieder
einsammeln``. Sie rennen auch schon wieder
weiter, der Rektor sieht hilflos dem Treiben zu und
schüttelte den Kopf. „ Ich habe es ja immer schon
gewusst, dürr sein zu dürr sein geht irgendwann
einmal auf den Geist´´. Er dreht sich um und geht
in seine Klasse zurück, die auch schon anfängt zu
lärmen. Deponio fliegt sofort zu Babsi und sagt ihr
wo die Menge der Hefte versteckt sind. Aber die
flatternden Hefte kann ja eigentlich jeder sehen.
Natürlich finden die Kinder nach gespielter
sinnloser Suche erst alle Hefte als sie das Klingeln
der Pausenglocke von dem Albtraum Tod auf
Socken erlöst. Deponio schlüpft wieder in seine
Krake, machte über den Köpfen der Kinder noch
eine Ehrenrunde und verschwindet. Er hat während
er auf der Fensterbank hockte eine eigenartige
Entdeckung gemacht. Er will der Sache auf den
Grund gehen. Da ist ein Mann dabei sein Auto mit
Müll und Abfall zu beladen.

20

In Zeiten der öffentlichen Müllentsorgung, dass ist
ihm doch etwas seltsam. Deponio setzte sich in die
hohe Birke, die unmittelbar neben dem Auto steht.
Erschreckt verschwinden die Spatzen und anderen
Vögel aus dem Baum. Dann steigt noch eine Frau
in den Wagen ein und die ganze Fracht bewegt sich
auf die Landstraße zu. Deponio ist erst beunruhigt
als er sieht, dass es nicht in Richtung der
Mülldeponie geht, sondern genau in die Richtung,
in der das Erholungsgebiet dieser Stadt ist. Deponio
steigt hoch nach oben auf, er will diese Sache gut
im Auge behalten. Das Wetter ist so schön wie es
die ganzen Tage schon ist, einfach wunderbar. Die
Sonne wärmte die Luft angenehm. Deponio fühlt
sich so wohl wie man sich nur wohl fühlen kann.
Es hätte kein bisschen besser für ihn sein können.
Er ist rundum glücklich und zufrieden. Er lässt sich
durch die Luft gleiten, vom Wind dahingetragen.
Seine Arme braucht er nur zum Steuern zu
benutzen, alles andere machte der Aufwind, der ihn
hebt und bewegt und Ihn fort trägt. Immer höher
schraubt er sich in den Himmel empor. Ein Sperber
glaubte an ihm ein gutes Mal zu haben.

Aber ein leichter Schlag mit einem seiner langen Armen lässt den armen Kerl erschrocken aufschreien. Der Sperber machte einen unfreiwilligen Salto rückwärts und ergreift die Flucht. Deponio der das Auto bei den Spielchen aus den Augen verloren hat, schießt im Sturzflug nach unten, die Arme weit nach hinten gestreckt rauschte er suchend nach unten. Da entdeckte er das Vehikel auch schon wieder, die alte Stinkbüchse wie er die Autos nennt, zwischen den Baumlücken des Mischwaldes. Die Stinkbüchse tauchte hin und wieder auf wenn es Baumlücken gibt. Der Fahrer Hans Hermann ist bereits von der Landstraße abgebogen und befindet sich auf einem unbefestigten Nebenweg, der direkt in den Wald hinein führte. Nun ist es für Deponio ganz klar, die Beiden wollen ihren Müll ganz einfach im Wald entsorgen. Das würde Deponio schon zu verhindern wissen. Die Strafe würde auf dem Fuße folgen, das ist klar. Noch ahnen die Beiden in ihrer Stinkbüchse nichts von dem Unglück, das sie sich selber bereiten.

Deponio hat nun Mühe die hoppelnde Stinkkiste im Auge zu behalten. Das stinkende Gefährt wird von Herrmann in den Wald hineingesteuert. Der schlechte ausgefahrene Weg machte es ihm nicht leicht in der Spur zu bleiben. Oft kratzte der Boden des Autos laut über den Mittelstreifen. „ Fahr doch vorsichtig Hans Herrmann, ich breche mir noch das Genick bei deiner ungeschickten Fahrweise´´.„ Wer von uns wollte denn den Müll unbedingt Heute wegbringen``. „ Natürlich wollte ich, dass der Müll wegkommt der schon wochenlang im Keller liegt. Aber du sollst den doch nicht hierher in den Wald bringen``. „ Ah, meine Liebe, dann sollte ich wohl den Umweg von 20 Kilometern machen bis zur Deponie, dort auch noch warten und bezahlen. Dann wäre der halbe Tag futsch gewesen. Wer von uns will den noch unbedingt einkaufen, du oder ich?``. Sauer steuerte Hans Herrmann sein Auto weiter. „ Sag mal, spinnst du, was hat mein Einkauf mit dem Müll zutun``. „ Viel, sehr viel Sieglinde, ich weiß doch, dass du wieder stundenlang von einem Geschäft ins andere läufst, keine Ruhe keine Zeit, das dauert wieder Stunden``. „ Gut, ich brauche Zeit für meine Einkäufe, aber was hat das damit zu tun, dass du den Müll jetzt hier in den Wald werfen willst.

Das habe ich noch nicht verstanden``. „ Musst du auch nicht, meine Liebe. Es reicht wenn ich es verstehe``. Damit stoppte er die Stinkbüchse. „ Los steig aus, raus mit dem Zeug und nichts wie weg``. Die Karnickel, die auf dem Weg spielen und die Rehe die auf der nahen Lichtung stehen machen sich davon. Die Vögel in den Bäumen fliegen ebenfalls laut kreischend davon. Ihnen allen ist dieses Gefährt hier in ihrem Wald nicht geheuer. Durch die heillose Flucht der Tiere abgelenkt, kommt Deponio zu spät nach unten. Die Beiden Übeltäter sind schon wieder im Auto und der Müll liegt am Wegesrand verstreut. Deponio wird richtig zornig, er würde es den Beiden schon zeigen. Er zügelte seinen Zorn, er hat schon einen Plan, er weiß wie er es den Beiden heimzahlen kann. Der Wagen hat große Mühe in dieser tiefen Spur zu drehen. Hans Herrmann kurbelte verzweifelt am Lenkrad. Die Stinkkiste will nicht so wie er es sich wünscht. Mit viel Mühe kann er sich aus den ausgefahrenen Rillen befreien, lenkt den Wagen quer zum Weg. Deponio ist unterdessen herangekommen.

Hat sich mit vier seiner Arme am nahen Baumstamm verankert und fasste nun nach der vorbeirutschenden Hinterachse und zieht das Fahrzeug mit dem einen Rad in den Graben. Dies scheint ihm ausreichend zu sein. Mit laut aufheulendem Motor und sich wild durchdrehenden Rädern versucht Hans Herrmann das Auto aus der misslichen Lage zu befreien. Es gelingt ihm nicht, nur das linke Vorderrad das noch fassen kann dreht und rutscht im Schlamm voll durch. „ Steig aus Sieglinde, du musst schieben, wir müssen hier verschwinden``. Sieglinde hat keine andere Wahl. Sie steigt aus und schiebt mit aller Kraft die sie aufbringen kann das Auto an. Die durchdrehenden Räder werfen ihr all den Schlamm und den Waldboden an den Körper. Sie sieht aus wie ein Schwein, das sich im Dreck gesuhlt hat. Aber sie schafften es sich aus der misslichen Lage zu befreien. Hans Herrmann hat schnell das Fahrzeug in die richtige Richtung gebracht und lässt Sieglinde wieder einsteigen. „ Was, so dreckig willst du mitfahren, du versaust mir das ganze Auto´´.

„ Halt bloß, deine Klappe du Idiot. das sage ich Dir, das nächste was ich mache ist der Führerschein, du bist ja ein richtiger Stümper beim Autofahren``. Das hat tief gesessen, seine Fahrkunst durfte niemand anzweifeln, da wurde Hans Herrmann wirklich böse. Noch schlimmer war die Drohung Sieglindes, den Führerschein zu machen. Nein außer ihm darf niemand sein Heiligtum anrühren. Wütend gibt er Gas und raste zurück nach Hause. Mit dem Einkaufen ist es jetzt nach Sieglindes Schlammbad sowieso vorbei. Wie ein Landser(Soldat) aus den bittersten Grabenkriegen hockte Sieglinde in Ihrem Tarnanzug gleichfalls wütend auf dem Beifahrersitz. Deponio schaute ihnen nach. „ Wenn ihr Beide glaubt, dass dies alles war, dann habt ihr euch getäuscht. Deponio betrachtete den ganzen Müllhaufen, sortierte ihn auf einen Haufen. Die Speisereste legte er schön in die Mitte. Dann schnappt er sich mit seinen Armen den ganzen Haufen und fliegt mit diesem Haufen davon. Legt diesen in der Nähe der Wohnung der beiden Umweltsünder ab. Für die weitere Tat benötigte er Barbaras Hilfe.

Deponio setzte sich in die hohe Buche und schlüpfte aus dem Körper der Krake und verschwindet hin zur Schule. Er hat Glück, Barbara wartete bereits auf ihn, sie hat es sich auf der Bank vor der Schule bequem gemacht. Deponio landete wie immer lautlos auf ihrer Schulter. „ Hui, da bin ich wieder, blies er ihr ins Ohr. Barbara, die ein wenig geträumt hat, zuckte nur leicht zusammen. Sie hat sich inzwischen an diese Art der Kontaktaufnahme von Deponio gewöhnt. „Was hast du denn getrieben, ich warte schon eine Viertelstunde hier, ich wollte gerade aufstehen und nach Hause gehen``. „ Ich war wieder einmal hinter einem Umweltsünder her, einem dreisten Pärchen``. Deponio erzählt in Kurzform die Ereignisse. „ Und nun benötigst du meine Hilfe, wenn ich dich richtig verstehe``. „ Genau mein Mädchen, du hast es erfasst, das erledigen wir auf dem Nachhauseweg``. „ Ich habe gerade zu Hause angerufen, wir sollen Wastel mitbringen, meine Mutter meint der liegt wieder vor dem Haus, dort wo die Hündin heiß ist``.

„ Ich bin schneller als du, ich suche Wastel, warte du dort an der Villa auf mich``. „ Du meinst die Villa mit dem vergammelten Tor``. Mit den Worten ist Deponio auch schon verschwunden und auf der Suche nach Wastel. Deponio kennt die Wege des Cockers, des nimmersatten Raubtiers. Fressen ist Wastels Passion. Er frisst nicht nur die guten Dinge, sondern einfach alles. Alles was sonst für einen Hund ungenießbar ist. Deponio hat es oft den Magen herumgedreht, wenn er dem Kerl beim Fressen zuschaut. Rohe Kartoffeln, Gurken, Tomaten, Zwiebeln, Koks, vor nichts macht der Vielfraß halt. Natürlich weiß Wastel, dass um diese Zeit die Schule aus ist. Deshalb vermutete Deponio ihn auch in der Nähe des Hauptausgangs der Schule. Dort stürmen die die meisten Kinde nach Hause. Natürlich, da ist er auch schon und was machte er, er versuchte mit seinen erprobten Tricks an die Schulbrote der Kinder zu kommen. Eine Dreiergruppe von Jungen marschierte auf Wastel zu. Die Kinder kennen ihn schon alle. He Wastel hau ab, von uns bekommst du nichts, verschwinde.

Wastel stört sich überhaupt nicht an dem Geschrei der Kinder. Mit seiner Supernase findet er schnell das schmackhafteste Brot, das mit dem Bratenduft heraus. Baut sich Zähne fletschend und knurrend vor dem Jungen auf. Natürlich vor dem mit dem lecker duftenden Brot. Wastel ist nicht groß, aber er hat ein kräftiges großes Gebiss, nicht viel kleiner als das eines Schäferhundes. Sein Knurren und Grollen kommt so tief und dunkel aus seinem Bauch, dass er sich anhörte wie das Gebrüll eines Löwen. Der Junge ist natürlich eingeschüchtert, nimmt sein Brot in die andere Hand und hält es auf den Rücken. Genau auf diese Reaktion hat Wastel gewartet. Wie der Blitz ist er um den Jungen herum und hat ihm das Brot auch schon geklaut. „ Du Scheißköter´´, kann der Junge dem Hund nur noch hinterher Rufen. Das Brot, das ist er los. Die Beiden anderen Jungen lachen, dass ist wirklich ein Scheißköter, sagte der eine``. „ Immer wieder schafft er es einem das Brot zu klauen. Wisst ihr, dass der nicht nur zu unserer Schule kommt, der klappert alle Schulen in der Stadt ab``.

Unmöglich, wie soll der dort hinkommen``. „ Wenn ich es nicht schon mit eigenen Augen gesehen hätte, ich würde es nicht glauben, die Scheißtöle, fährt mit dem Bus. Stadtrundfahrt zum Nulltarif``. „ Ich weiß nicht diese Hunde der vornehmen Leute werden auf das Klauen dressiert, kriegt der zu Hause nichts zu fressen?``. Ich kenne die Familie, die füttern ihn normal, aber der scheint nicht genug zu bekommen``. Deponio ist bereits bei Wastel, der hinter dem nächsten Busch das leckere Brot gerade genüsslich verzehrt. Deponio schimpfte mit Wastel und nimmt ihn mit, bis Barbara ihm die Leine anlegen kann. „ Was hast du jetzt vor Deponio``. Ich will, dass du die Leute auf die Terrasse lockst, ich übernehme dann den Rest``. „Na gut ich werde es versuchen, ich nehme Wastel mit als meinen Beschützer``. Mach das, aber beeile Dich``., Babsi öffnete das alte Gartentor und lässt Wastel von der Leine. „ Dann wollen wir mal``. Sie fühlte sich nicht ganz wohl in dem fremden Garten, aber die Anwesenheit von Wastel beruhigte sie. Deponio ist ja auch noch da, also was sollte ihr passieren.

Vorsichtig geht sie den schmalen Weg entlang der zwischen Haus und Garage in den Garten führt. Zum Glück ist auch diese Zwischentür nicht verschlossen. Vorsichtig drückt Barbara die Tür auf. Wastel schlüpfte hindurch und stürmte auch schon die kleine Böschung hinauf, die auf die Terrasse führte, mitten durch die vielen Rosen. Wastel hat schon die beiden Katzen gewittert, die hinter dem großen Fenster vom Wohnzimmer liegen. Wie ein wild gewordener Tiger geht Wastel an der Scheibe hoch. Innen fauchen die Katzen und schreien herzzerreißend. Sie verfangen sich bei Ihren wütenden Sprüngen in der Gardine. Babsi kann und braucht weiter nichts machen, sie wartete auf Deponio und darauf, dass sich nun auf der Terrasse etwas tut. Es dauerte nur wenige Sekunden, da sieht Barbara durch die Rosen wie die Terrassentür aufgerissen wird. Du blöde Töle, hau ab, verschwinde ruft Hans Herrmann laut. Sieglinde, Sieglinde, bring mir einen Besen, ich will das Mistvieh verjagen. Sieglinde eilte herbei, mit Besen und Schrubber. Den Besen reichte sie Hans Herrmann.

Der kennt leider Wastel nicht, nur der Anblick des Besens der auf ihn zukommt machte ihn noch verrückter. Er springt auf den Besen zu und verbeißt sich in diesem. Von wegen wegjagen, das kann man einen Wastel nicht so leicht. Nun greift Sieglinde in den Kampf ein. Sie klopfe mit dem Schrubber auf Wastel herum, auch das stört Wastel nicht. Nun beißt er abwechselnd in den Schrubber und in den Besen. Barbara schaute sich nach Deponio um, sie fühlte sich nicht wohl, jetzt hat sie auch noch Angst um Wastel. Sie will gerade dazwischen gehen als ein schwarzer Schatten über das Dach kommt. Auch Sieglinde und Hans Herrmann schauen nach oben. Sie wollen davon laufen, aber es ist bereits zu spät. Ihr gesamter Müll aus dem Wald entlädt sich auf die Beiden Sünder. Der Dreck läuft ihnen vom Körper herunter. Die Salatblätter, die alten verfaulten Kartoffelschalen und sonstiger Abfall hängen ihnen an den Ohren und auf dem Kopf. Die ganze braune Brühe läuft ihnen bis unten am Körper herunter. Deponio, Barbara und Wastel müssen sich vor Lachen biegen.

Wobei dies bei Wastel nur so aussieht. Der Kerl stöberte schon wieder nach Fressbarem im Müll auf der Terrasse. „ Das meine Herrschaften ist die Strafe, so wird es euch in Zukunft bei jeder einzelnen Umweltverschmutzung gehen. Ich bin Deponio die Umweltkrake, ich hoffe ich brauche euch nicht mehr besuchen. Ich hoffe ihr habt daraus gelernt``. Lachend verschwinden Barbara mit Deponio und Wastel, den sie noch eigenhändig von dem Müllresten wegholen müssen. Da sind für Ihn noch einige leckere Dinge dabei. Dieser Vielfrass ruft Barbara, der bekommt auch nie genug. Sie muss Wastel an der Leine zurückholen. Deponio ist schon längst wieder auf dem Weg zu seiner Bank in Barbaras Garten. Es dauert fast 30 Minuten bis die Beiden, Wastel und Barbara oben sind. Deponio beschäftigt sich derweil mit Mona die sich ebenso wie Wastel bereits an den komischen Kautz in der Stoffpuppe gewöhnt hat. Deponio macht sich lang und betrachtet von hier oben das Leben und Treiben auf dem Rhein. Barbaras Eltern haben Ihr Haus wie einen Adlerhorst in den oberen Bereich des Berges von Braubach gebaut.

Natürlich hat Barbara immer Mühe wenn Sie von der Schule kommt den steilen Weg zu gehen. Ihre Mutter und Ihr Vater haben ein Auto, die gehen selten zu Fuß den Berg hoch.

Während Deponio so dahin döst hat Barbara schon wieder neue Ideen. Die nächsten Großen Abenteuer warten. Die Verwandtschaft von Barbara hat Sie gerufen. Das Emsland ruft und Probleme in einem Atomkraftwerk. Als auch Probleme mit Drogen Dealern die, die Nähe zu Holland nutzen und sich von dort Drogen besorgen und diese auch an Kinder in den Schulen verkaufen. Es wird ein super Abenteuer. Aber auch Deponio der so dahin dösend den Rhein beobachtet, die vielen Schiffe die wie auf einer Perlenschnur aufgereiht dahin ziehen hat auch wieder etwas entdeckt. Ein Schiff das eine feine Oelspur hinter sich herzieht. Er macht Barbara darauf aufmerksam. Schon haben sie schon wieder Ihren nächsten Einsatz. Noch vor dem Kraftwerk in Lingen.

www.ingramcontent.com/pod-product-compliance
Lightning Source LLC
Chambersburg PA
CBHW060555030426
42337CB00019B/3550